에고

박창서 시집

문학의전당 시인선
0251

에고

박창서 시집

문학의전당

허실생백(虛室生白) : 마음을 비우면 순수함이 생긴다
—2017년 일촉

시인의 말

하늘길은 없는 듯 있다

길 찾는 발걸음 멈추지 않을 것이다

사람은 생긴 대로 살다 간다

시도 마찬가지다

도움 주신 분들께 감사드린다

丁酉 이른 봄 숯냇가에서
一燭 박창서

차례

제2부

제3부

제4부

제1부

행복

여름 한낮 신작로를 걷다가 그늘이 그리운 것은 뙤약볕 때문이 아니라 그늘을 벗어났기 때문이다

그늘 머무를 땐 시원한 바람 없다 했지

겸손에 대하여

하심과는 다르다
있는 그대로의 모습
척, 체는 전혀 아니고
자랑도 내세우지 않는
맨몸이고 순수함이다

다 알 수 없는 것들 앞에서
자신을 깨우치는 자세
그 마음길 삭이고 익혀야

고물론

쓰임새 다하지 않아도
끝없는 건 없다

한 물건
高물 되든 古물 되든
무슨 대순가

세월 따라
苦물 孤물 固물로 살아보니
모두가 헛것인 것을

그저
顧물로 살다 보면
그래도
考물은 되려니

고백

가까이 갈까
말까
그 틈새

솔직해지면 자유로워진다는 거
비밀 없으면 자유도 없다는 거
그 사이

사랑은 믿지 않으면 없다는 거
아니 믿지 않아도 있다는 거
그 거리

반투명 유리문 뒤
십자가 그림자

다르단다

틀리지 않고 다르단다
싫고 좋은 거 옳고 그른 것도
사정이 다르단다
너와 나
사는 법 서로 다르다고
따지고 나무라지 말아야 하는데
다를 수밖에 없는 법인데
생기기 전부터
그리 생긴 것인데
살아있는 천의 얼굴
같은 게 하나 없으니
그러려니 그러려니
살아야 하는데

두리다

내외 발자국이

하나가 아니다

하나인 줄 알았는데 둘이다

둘이면서 하나인가 했는데

하나인 듯 둘이다

두 울이 있어

상처 날까 두리다

모사(模寫)

사랑은 사랑이 아니다
사랑이 사랑이다

나는 내가 아니다
내가 나다

내가 되면
사랑이 된다

길 찾아가는 길

운해 구름산 넘어
홀로 찾아온 머나먼 길
까미노 데 산티아고*
'누구든 그 길을 우연히 걷지 않는다'**

잿빛 하늘에서 금세 햇빛 쏟아지는
너른 들판 노란 표지 길
수탉 우는 소리 개 짖는 소리 새소리
푸른 초원마다 반짝이는 파란 꽃잎
둥근 나무 숲길, 언덕 위 카사블랑카
주황색 지붕 너머 검은 독수리 한 마리
왜 왔느냐 한다

배낭 가득 뒤뚱 걷는 하얀 할머니
길가에 밥해 먹는 텁수염 남자
산티아고까지 갔다 다시 오는 사람들
'부엔 까미노'***엔 웃고 웃지 않는 이
말은 침묵보다 무겁다

이베리아반도 갈리시아 지방 순례길 한가운데서
는개 맞으며 개울물 건너며 하염없이 묵상하는
판초 우의 속 숨죽이며 걷는 이들
어쩌면 세상일 감당치 못해 힘들어하는 자들 아닌가

너 참 대견해 잘 참고 살아왔어 하지만
잘못이 많았지 용서를 구하기엔 너무 늦었나
순례하다 죽은 이의 붉은 천 십자가 무덤 옆을 지나며
삶의 길은 선택한 길만 있는 게 아니고
참회하고 견뎌내야 하는 길이 있다고…

세상에 두 종류의 사람
이 길을 걷는 사람과 그렇지 않은 사람 있다지
붉은 천 십자가는 말했다
무거운 짐 지고 가는 자여 당신과 함께할 것이다

---

*Camino de Santiago, 스페인의 산티아고 순례길.
** 영화 〈The Way〉의 대사.
***Buen Camino, 순례길 인사말 '좋은 길'.

뫼

헝클어진 머리칼
모자 하나 물통 하나
풀어진 등산화 끈
이른 아침 노인네
오르기만 한다

간밤은
아니라 했는데
아내 찾아 또 간다
힘겨운 호흡
느린 발걸음
가시나무와 거친 숲
비바람까지 모두
이고 지고
하늘에 오른다

무소의 뿔

컵에 천천히 물을 따랐다
그러다 넘쳤다
사알짝 비웠다

비켜주세요
성질 급한 사람 있다
세상은 늘 그렇지

눈치 벗어던지고
어정어정
혼자만의 길을 간다

바람과 나무

광풍이든 미풍이든
서로 부딪혀
바람 가는 방향으로 간다
높은 데서 낮은 데로
낮은 데서 높은 데로
가지 이파리
너울너울 춤추어라
흙에 뿌리박고
뼈와 살을 굳힌 것들
바람 따라 살아가야지
생 줄기 꺾이며
밑동까지 뒤집혀도
엎드려 견디며
살 때까지 살아야지
깊은 뿌리로 살아가라
그것만이 지혜이므로
바람이 바라는 바임으로

불면증

검은 먼지 자욱한 들판에서
집 찾아 헤매는 건
하얀 밤이다

세상일은 모르고
불안에 휩싸여
두려워만 하는구나

너의 것이 없어
자신을 지치게 만드는 밤
내일이 있기는 한 것인가

산책길에서

눈 내린 숲냇가
저녁 산책길
이 몸 하나인데
그림자 둘이다

두 가로등이 만드는
나와 나의 그림자
선택은
엇갈리고 있다

어둠 속 행선
빛을 향해 가고 있다

새벽을 위하여

어둠 속
가난한 촛불이 꺼지고 있다
분노의 경적을 삼켜야 하는
시간이 되었구나

어느 것이 잘된 일인지
모르기 때문에
이제는 나의 것을
아쉬워하지 않겠다

내 뜻대로 할 수 없는
새벽을 위하여
눈시울 뜨거워지는
노랫가락 들려다오

밝아오는 새벽빛은
언제 어디서나 줄기찬
목숨줄 아니던가

선고유예

병들어 죽을 때가 된 70대 할머니 마흔여덟 살 먹은 아들 목 졸라 죽였다

젊을 적 사고로 사지마비가 된 아들 이십오 년간 수발한 할머니, 나 죽으면 병원비 보탤 돈도 보살필 사람도 없다 했다

그 손에 힘은 정녕 무엇인가

숭고한 이해

내가 더 낫다는
더 못났다는
그런 거 아예 버리고
비슷하거나
다 거기서 거기라는
그 생각마저 지운 다음
모두 다를 뿐이라는
그 다름의 섬세함을
느끼고
받아들여야 하겠다는

에고

인적 없는 대모산 중턱
파란 하늘
희뿌연 반달을 본다

달은 지구를 돌고
해도 지구를 돌고

지구엔 나 혼자 있다

주인공

따따부따
건성건성
두 아이와
더불어 살다 보면
넋을 놓습니다

절대 절벽
혼자 있을 때
시나브로
넋을 찾습니다

그때쯤이면
'나 좀 봐라' 합니다
나는 누굽니까

크로노스의 시간*

무시 고집하는 이기
탐진치(貪瞋癡) 벗지 못하는
어둠 사이로
불빛 따라
온 저녁 걸었는데
제자리걸음이다

다름과 견딤을 모르고
버림과 비움도 모른 채
불완전한 대로 완전하다며
주어지는 작은 것 하나
고마움 모르는

*Kronos: 그리스 신화와 철학에 나오는 말로 일상적(세속적) 시간을 의미.

제2부

풍과 틱의 형극

눈뜨면
멍하니 반쪽은 살아있어
기다려지는
유의미 무의미한 시간

수상한 수많은 비명
수없는 비틀림
침 뱉는 자리

내 사랑하는 사람들
의탁할 수 있는
그는 있는가

눈물 짜느니
앞서 눈을 감겠다

구도자(求道者)

길다운
길은 그 어느 곳에
하늘로 가는 길
하늘보다 높은 길
우주보다 넓은 길
높고 넓다 하지 않고
있으면서 없고
없으면서 있는
전할 수 있어도 잡을 수 없는
모양도 없고 볼 수도 없는
그 길
정처 없이 찾아가는

나와 참나

나는
내가 아니다

나는
내가 막중하다

막중한 건
나가 아니다

나 안에
내 집이 있다

내 안에
하늘이 있다

누구십니까

여기 만들어져 있는
육신은 정말 아닌 것 같습니다

마음입니까
그건 일시적 생각이나 감정 느낌이지요

그럼 정신입니까
그건 마음과 함께 깨어 있는 뇌와 뇌신경 아닌가요

아, 보이지 않게 깊숙한 곳에 숨어 있는
성령이군요

나를 진실로 움직이는 것이

함부로 말하지 않겠습니다

가부좌 틀고

면벽

창 너머

바람에 흔들리는

마른 가지

나뭇잎 하나

이 무언고

고종명(考終命)

본래 있던 곳으로
남은 숨 고르며
느린 호흡으로
호젓이 가보렵니다

가는 일 뜻밖에 올 수 있으니
놀랄 일 아니네요

아무에게도 보이지 않게
허물을 지우면서
내 안에 살아있는
님 보러 가겠습니다

구원

나 죽고
당신도 죽는
이 적막한 자리
영원한 건 없는데
영혼은 영원한가

그렇다손
이 시련 고통
가슴이 멍드는데
그건 시험이니
견디라 하나

마음길

나 아닌 내가
흉내 내는
여여한 평상심

챙길 거
마음 한 자락

버릴 거
탐진치(貪瞋癡)

지킬 거
계정혜(戒定慧)

찾을 거
허공무(虛空無)

생사를 넘는
길 찾아가는

메멘토 모리(Memento Mori)*

적막 속에
끊임없는 초침 소리
홀로 남아
삶은 순간이고 슬픈 고통이라는 걸
애써 모른 체 하는 철부지는
하루하루가 마지막 날이 될지
모른다는 것도 모른 체 있다

하지만 이제 알아야 하리
잊지 말아야 하리
무상한 것들
영원한 건 하나도 없으니
황혼녘
아름다운 낙엽이기 위해서는
떨켜를 준비하는 사랑의 아픔이
깊어야 한다는 것을

---

*'죽음을 기억하라' 라틴어.

묵조선(默照禪)

망상이 무용타 하니
이도 아니고
저도 아니고
공적은 본디 평안한데
집착 없다 불안하니
무엇이더냐

화두도 아닌 그 속에
나는 있는가 없는가

버킷 리스트*

가고
오르고
보고
만나고
갖고
주고도 아닌
미리 죽는 것

---

*bucket list.

법당 뒤로 돌다가

날이 가고 또 한 해가 저문다
생의 끝이 보이는 세월 즈음에
어이할 거나
아직 육신에 집착하여 수복을 탐하니
적멸을 그릴 수 없다

생사의 속박에서 벗어나
진여(眞如)로 돌아가는 길이 적멸이라면
두려워할 바 없으니
생사존망 일체이고 무상할 뿐인 것을

낙엽 지고 다시 잎 피는 봄이 와도
반가부좌 그러하듯 틀고 앉아
참나이기를 끝내 선망할 것이다
세상 인연 방하(放下)하면 공적할 것이다

사는 날

두려워 말고
미리 무심하여라

저마다 언젠가 그때가 오면
혼비하고 백산한다니

세상살이
살아 숨 쉬는 것들
어찌 사느냐는 거지

백만 번쯤
혼의 소리 듣는가
묻는다

삶 2

허한 망 사이를
오락가락하는 생명은
천 개의 눈이 있고 귀가 있다
입도 있다
그만큼 상이 있고 감이 있어
생긴 대로 부딪친다

시공이 없고
있는 거 없고
없는 거 있는 곳에서는
생긴 것 모두
무상한 자리

순식간

처음 들숨으로 왔다가
나중 날숨으로 간다
오고 감이 한 호흡
잠깐 머문다

남은 순간
쌓고 또 쌓아야 할
사랑탑

신탁(神託)

풀과 나무
온갖 짐승
새들과 물고기
그리고
비바람 치는 삶이
창조물이 아니다

빛과 어둠
하늘과 땅, 바다와 별
그리고
빛을 받는
혼령이다

유신론자

신은
없다
만들어놓은 것이다
(저런)
있을 것이다
있어야 한다
있다 있어
있다니까

여생

말도 많고 탈도 많고
뭐시 중헌디*
죽기밖에 더 있어
죽어 사는 거
사는 좋은 날 위해

* 영화 〈곡성〉의 대사.

제3부

까치밥

새벽 산책길
간밤 누군가의 토물

까치 한 마리
그 앞에
고개 숙여 달래고 있다

풍경 C

난 언제나 너를 사랑하리*
오월 다섯째 날 올림픽공원 평화의 광장

반짝이는 호수 분수
물결무늬 자운영 꽃
푸른 언덕 움트는 은행나무
잔바람에 팔락이는 만국기

아래쪽 쥔 없는 텐트
매트 위 잠자는 어린애
김밥 오렌지 바나나 새우깡
레고 탱크 부서진 헬리콥터 비눗방울 권총

홀로 있는 유모차 아이
겨드랑이 지팡이 혼자 가는 어린이
두 꼬마가 미는 휠체어의 여인
빨간 넥타이 뒷짐 진 노인
뒤따르는 코흘리개

이 마당 어디쯤

사랑하는 사람 찾을 수 없나요

---

*가수 휘트니 휴스턴의 노래 제목.

감사에 대하여

내 눈과
내 귀와 손끝이
멀쩡한
발걸음이
더없는 기쁨이라는 거
조금치도 모른다면

얼마나
마음 아픈 일
아닐런가

수분리 댁

남원골 사는 수분리 댁은 장수군 장수읍 수분리에서 태어난 시골 아낙네다. 수분리(水分里)에 떨어진 빗방울은 간발의 차이로 서남쪽 섬진강으로 흐르거나 동북쪽 금강으로 흘러간다. 같이 자란 동생은 공주(公州)로 시집가 귀부인이 되었다는데……

시작(詩作)

시 쓰고 읽는 거 자체가
시시해지고
시답지 않다던
시인 친구
시간이 얼마 지나지 않아
시를 볼 때마다 시비 걸며
시물거리는데
시벽이 도졌나 보다
시심이 일고 시흥이 솟나 보다
시다운 시 아니면 쓰지 않을
시간이 되었나 보다
시비 하나 새겨 넣을
시 한 수 지을 때가

옆얼굴

C는
없는 멋이 있다
그의 하루는 젊고
느린 듯 빠르다
은근하고 음전하다

집요하다
그의 색소폰,
바르고 아름다워
숨결 소리마저
감미롭고 부드럽다

능내리에 가서

두물머리 보이는 동산
언덕 안 동리에는
흐드러진 밤꽃 내음
인동초 꽃줄기 흔드는 실바람
붉게 익는 버찌와 오디가 있다

다산 유적지
잔잔한 팔당호 한가운데
오리 한 마리 외로이 물질하고
푸른 산 회색 하늘은
드넓은 수면 위에 말없이 떠 있다

인적 없는 산책로 옆
그네 의자에 앉아
다산인 양 한나절 놀자니
예나 지금이나 세상 걱정은 매한가지

바다는 보고(寶庫)

어느 날
육지 살던 대왕고래
먹거리 찾아 바다로 들어와
해저산맥 오르내리며
산호 능선 위에서
물고기 크릴을 삼킨다

끝없는 여정의 해류는
바람처럼 플랑크톤 실어 나르고
뭇 생명 살찌게 키운다

드넓은 바다
산보다 높게 속이 깊다

샘물

소리 없이 솟아올라
홀로 맑아지리

모난 것 넘어서서
너그럽게 감싸며

본디 거 지키며
유유히 흘러

끝없이 내어주고
길 따라 나아가리

낮은 곳 찾아가
크고 깊게 이루리

섭지코지에서

간밤 태풍 지난 자리
기암괴석 선녀바위
부딪는 삼각파도
여태 울며 부서지고

무지갯빛
끝없는 수평선 위로
파란 하늘 선 고운 구름
둥실 떠오르네

올 인 원 절벽
엉겅퀴 꽃
괭이갈매기 한 마리
먼눈으로 바라보는
'지혜로운 사람들 많이 난다는 곶'*

---

*섭지코지.

슬픈 날

한밤
빗소리
혼자
울고 있다

더없이
시원하게
더없이
뜨겁게

시니어 플라자

울긋불긋 차림새
무표정한 주름 얼굴
남녀 어르신 육십여 명
식사하는 모습
배우고 아는 만큼
조용하고 반듯하다

알콩달콩 아웅다웅
짧고도 긴 세월
이승에서 남은 시간
이렇게 가는구나
하루하루
배우는 재미로 산다니
멋있게 사는구나

이미지

젊고 아름다운
항상 웃는
슬퍼하거나 괴로워하는
찡그리거나 화를 내는
기뻐하거나 무덤덤한
심각하고 진지한
포악하거나 인자한
그런, 낯빛

피었다 지는
같으면서 다른
무한의 표정은
성형 위의 성형이다
조각조각 쌓이는
두터운 기억이다

지하철에서

손잡이로 선 채
주위의 여러 삶을 본다
저들은 뭔가 집중하며 있다

폰 보는 이
물건 파는 이
대화하는 이
책 보는 사람도 있는데

저들 중 하나, 감은 눈 명상이
참 좋아 보인다

춤추는 나무

숲냇가 둑길
송풍구 앞
온종일 흔들리는
잡목 한 그루
잎이며 가지
다시 줄기로
줄기에서 뿌리로
전해지는 전율

못내 슬프지만
괴롭고 힘들지만
기쁘게 춤추며
산다 하네

폰 세상

한가한 전철역 한쪽 켠
모자 쓴 허름한 남자
한 손으로
요란하게 얼굴 만지며
소리도 없이
손거울 보고 말하고 있네

홀딱새

푸른 달
신록의 깊은 산속
한낮인데
옷 벗고 춤추자 하는가
네 마디 울음소리
'홀딱 벗고' 낭랑하다

그래 벗고 살자
무시로 벗고 살자
부끄럼 없으면 그만치 사는 것
벗고 보이면 본래대로 있는 것

강원도 홀딱새
검은등뻐꾸기

황홀한 기억

늦은 밤 도착한
강원도 백담사
숲속 한가운데
찬란한 별들
부엉이 눈으로 바라니

캐나다 동부 숲속의 밤하늘
그 눈부신 별들과
몽골고원 게르 밖에서 올려다본
빛나는 무수한 별들이

장애인

입에서 나오는 말
말을 할 줄 모르는 너는
언어 장애인

말다운 말을
잘할 줄 모르는 나는
언어 조절 장애인

우리 모두 장애인

제4부

여물

홀로 계신 노모
어느 날 찾아뵙자
들려주신 고려장 금장(禁葬) 얘기

고려 때
명나라가 문제 내고 못 맞추면 조공하라 했단다
(똑같이 생긴 말 두 마리)
"어느 게 어미 말, 어느 게 망아지"
고려장 마다하고 돌봐주던 효자에게
소문 전해들은 쭈그렁이 노모
"여물 한 통 주어 봐라"
했다 한다

차리신 밥상
나 혼자 먹고 있다

울웃음바다

시어머니와 하루 차이 생일 때문에
사십 년 넘게 함께 사는 동안
생일 한번 못 쇠었지
지난해 어머니 가시고
시집온 뒤 처음 맞는
칠순 아내 생일 자리
케이크에 양초 꽂고
서툴게 쓴 편지 하나 읽는다

힘든 세월
시름시름 하던 아내
웃다 울다가
반 죽었다

강냉이

지지리 못살 때
식구들
연탄 화덕에
강냉이 구워 먹으며
참 맛있다 했지

비 오는 날
그 생각에
마트에서 사온 옥수수
혼자 조리해 먹으니
되게 맛없네

꿈 이야기

사다 준
해몽 책
너덜너덜하다

생각지도 않은 일
해몽의 결과라
무릎 치는 아내

꿈은 이뤄지고
생시가 된다

산 사람은 꿈을 꾼다

동서네

넓고 높은 아파트에
알뜰살뜰 자식처럼 키우던
화분 이백여 개
되레 수고비 큰돈 주고
사정해 보냈단다

팔십 되어
팔 아프고 무릎 아파
꽃도 보이지 않고
물 주기를 잊었단다

이제야
버리고 비우고
내려놓으며
제자리 찾는 건가

배내옷

구십 넘은 노모
칠십 년 간직한
큰놈 배냇저고리 놔두고
돌아서 가셨다

육십 년 청상의 삶 따르던
큰놈
그 옷 처음 보고
숨이 멎는다

그 친구

자주
생각이 난다

어릴 적
도랑에서 물장구치며 놀다
물에 빠져 허우적거리는 나를
목숨 걸고 살려줬는데
생명의 은인인데
죽었는지 살았는지

그 일을 까맣게 잊고 있을 거야
은혜라는 것이

사손곡(思孫曲)

아파트 승강기 앞에 서 있다가
문득 눈에 띈
계단 구석 먼지 낀 세발자전거

십여 년만치의 애환이 살아나고
떠나버린 사춘기 손주가
싱겁게 웃으며 그곳에 앉아 있다

실연

초겨울 어느
비 갠 날 늦은 오후
뜻밖에 만난
단지 길 단풍나무
그 아래
예닐곱 갈래 작은 잎
붉은 세월 줍고 있는
등이 둥근 아내
황홀하다

가만히
가까이 가니
아,

사경을 헤매다

광평교에서
비행장 쪽으로 가는
길고 긴 갈대밭 숯내길
한 생각으로
보아도 보이지 않고
걸어도 걷는지 모르는
그 길을 총망히 걸으며
하루하루 살고 있다

이 세상
생긴 건 모두 멸한다는 생각에
슬프기도 하고
슬프지 않기도 하여
그만큼 고적하게
매일매일 죽고 있다

저마다의 삶 저마다 사는 것인데
뜻대로 죽지 못한다며

심란해 하시더니
별안간 사경을 헤매는 노친,
그 생각에
맘 단단히 먹고 걷고 있다

가실 때 가는 거지만
망백은 몰라도 졸수는 아쉬워
계실 때 잘하라는 말
후회하지 않으려
순간순간 견디고 있다

애주가

살아생전 장인어른 오가피주를 좋아했다 동네 슈퍼 세 군데 중국집 한 군데 오가피주가 없었다 전에 본 공부가주 생각나 사다 드렸다 좀 늦었지만 술 심부름 한번 제대로 한다는 말씀에 그냥 웃었다

울릉도

울렁거리는 가슴
푸른 산 바다 그리고 하늘
오르막 내리막 눈 닿는 길
성인봉 죽도 독도
안갯속 안식처 나리분지
석 달 열흘 만에 찾았다는 바위 얼굴
돌멍게 안주에 바람소주 한잔하자는 바닷가
몸만 돌지 머리까지 돌지 말라는 원뿔형 계단
웃음꽃 피우고
방파제 걷다 만난 변덕 파도에
울퉁불퉁 화산석 위로
튀어 오르는 비명
영락없는 어린애
제대로 노닐고 있는가

을왕리 바다

보고 싶어 왔습니다
늘 셋이었는데
이제 둘입니다

한 번도
말 건네지 못한 당신과
모래톱 아래
술 한 잔 나누며
함께 젖고 있습니다

이석증

오랜 시간
여러 깊은 생각이
돌고 돌아
어지럼증인가
알 수가 없다

반고리관의 파편
지 맘대로 핑핑
천장이 돌고 돌아

십자가 남겨놓고
가는 건 아니겠지

초상(肖像)

짧고 긴 세월
못다 한 말
모두 담아내려
여전히 내려놓지 못하고
편안한 미소마저
못내 부담스러워하는
무딘 얼굴
풀기 힘들다

언제 누군가
한 번쯤 눈 맞출
장수 사진

추모공원에서

장례미사 후 찾아간 화장터
이제 마저 불태워도 슬프진 않다

수골실 창구
바수어진 흰 뼈를 고르던 마스크 한 남자
장갑 낀 손가락 사이 금니 하나 들고
어찌할까 눈으로 묻는다

버려야지
들리진 않아도 서로 통하는데
구석진 자리 통 속으로 들어가는
늙은 수도자의 마지막 적선

적막강산

위층 달그락거리는 소리
까치 두어 번 짖는 소리
멀리 자동차 소리
클랙슨 한 번
건축 공사장 망치 소리 몇 번
미운 개 짖는 소리
아이들 떠들며 지나가는 소리

그리고는
휘이
지구 돌아가는 소리
무덤이 생각나는

최상의 유산

편안하게
숨이 다하는 순간
느낄 수 있는
너그럽고
너그러운 미소

불협화음

버스 옆자리 그녀
건널 수 없는 허공 저쪽
들릴 듯 말 듯
베토벤 피아노 협주곡
제5번 1악장
숨이 막히는데
보일 듯 말 듯
귀먹은 얼굴
MP3 한쪽 이어폰 받아나 줄까

해설

맨몸의 메트로놈

서윤후 시인

여기 삶의 리듬이 놓여 있다. 균일하면서도 인간의 심장 박동수를 닮은 리듬이라고 이름을 붙여본다. 천편일률적으로 흐르는 시간 속에서 자신만의 속도로 세상을 읽어내는 일이란 쉬운 일이 아니다. 이 시집을 통해 시인이 살아온 삶의 리듬을 빌려 우리는 유행을 좇지 않고, 맨몸의 상태로 풍경과 부딪쳐 단 하나의 리듬이 되어가는 과정을 읽을 수 있게 된다. 이 리듬으로부터 얽히고설킨 세계의 미로를 따라가 보자. 모호한 단서로 분명한 사실을 밝혀내는 그의 깨달음은 곧 파문을 일으키고, 박자와 속도를 휘젓는 언어의 단정함으로 비로소 '맨몸의 메트로놈'이 된 시인을 통해 우리는 단정한 파편으로 다시 리듬을 창조하러 나설지도 모른다.

관계 수용으로써의 리듬

가까이 갈까
말까
그 틈새

솔직해지면 자유로워진다는 거
비밀 없으면 자유도 없다는 거
그 사이

사랑은 믿지 않으면 없다는 거
아니 믿지 않아도 있다는 거
그 거리

반투명 유리문 뒤
십자가 그림자

—「고백」 전문

박창서 시인의 시집에 전반적으로 깔린 루트는 나와 너로 이행되지만, 결코 하나로 수렴되지 않는 관계성에 있다. 회복의 가능성 혹은 거리감을 인지하는 눈금으로부터 파생된 언어들이 새로운 리듬을 만든다. 여기에서 리듬은 단순히 '흐른다'는 뜻의 동사 'rhein'을 어원으로 하는 그리스어

'rhythmos'에서 내려온 말을 의미하는 것은 아니다. 플라톤이 말한 '운동의 질서'를 빌미로 새롭게 해석하자면 일종의 '흐름의 발견'이라고 할 수 있다. 「고백」의 시에서 등장하는 "틈새"와 "사이"와 "거리" 안에는 이분법으로 나눌 수 있을 법한 흐름이 생기지만, 그것은 단순하게 분류될 수 없는 모호한 거리에 놓여 있다. "반투명 유리문"이 상징하듯이 명징하게 투과되지 않는 창 너머의 "십자가"와 같은 믿음이지만, 그 믿음의 전령이라고 할 수 있는 그림자가 등장함으로 이 리듬은 순간 전복된다. "둘이면서 하나인가 했는데/하나인 듯 둘이다"(「두리다」) 같은 혼돈은 순간적으로 이 리듬을 풀어헤치는 역할을 하는데도, 이 혼돈으로부터 또박또박 걸어가는 시인은 "틀리지 않고 다르단다/싫고 좋은 거 옳고 그른 것도/사정이 다르단다/너와 나"(「다르단다」)처럼 분명함으로 귀결시킨다.

무시 고집하는 이기
탐진치(貪瞋癡) 벗지 못하는
어둠 사이로
불빛 따라
온 저녁 걸었는데
제자리걸음이다

다름과 견딤을 모르고

버림과 비움도 모른 채
불완전한 대로 완전하다며
주어지는 작은 것 하나
고마움 모르는

—「크로노스의 시간」 전문

시인이 수집한 시간 속에는 이와 같이 서로 다르면서도 비슷한 개념의 충돌로 생긴 깨달음이 시집의 전반적인 토양을 이루고 있다. 어디서 어떻게 튀어나올지 모르는 리듬은 이와 같은 방식으로 생성되곤 하는데, 단순히 개념의 충돌로 일으킨 파장이 아니라 시인이 몸소 겪은 두 가지의 개념을 자신의 '메트로놈'을 통해 읽어내고, 그 결과로 생긴 리듬이 모호함에서 분명함으로 질감을 입힌다는 점에서 주목해 읽을 필요가 있다. 관계를 부정하거나 포장하지 않고, 있는 그대로의 수용은 다시 말해 시시각각 달라지는 통제 변인을 가지고 불안전함을 감수하는 실험실의 풍경과도 닮아 있다.

이 리듬의 시초는 "적막 속에 끊임없는 초침 소리/홀로 남아/삶은 순간이고 슬픈 고통이라는 걸/애써 모르는 체 하는 철부지는/하루하루가 마지막 날이 될지/모른다는 것도 모른 체 있다"(「메멘토 모리Memento Mori」)는 또 다른 숙제로 남게 된다. 나와 너로 수렴되지 않은 리듬의 질주가 나 자신에게로 향하고 있다는 징후를 파악할 수 있게 된다.

깊이를 갖는 리듬

인간이 그동안 살아온 축적된 시간을 통해 삶을 돌아본다면, 기억에 남거나 추억이 될 만한 일들로 간추려질 수 있다. 그동안 축적된 시간을 '높이'라고 이름을 붙이자면, 박창서 시인이 자신만의 리듬을 자신에게 향하고 있는 시간을 '깊이'라고 볼 수 있다. 비로소 깊이가 시작된 시인의 리듬은, 리듬이 멎을 때까지 끊임없는 자각으로 끝날 줄 모른다.

날이 가고 또 한 해가 저문다
생의 끝이 보이는 세월 즈음에
어이할 거나
아직 육신에 집착하여 수복을 탐하니
적멸을 그릴 수 없다

생사의 속박에 벗어나
진여(眞如)로 돌아가는 길이 적멸이라면
두려워할 바 없으니
생사존망 일체이고 무상할 뿐인 것을

낙엽 지고 다시 잎 피는 봄이 와도
반가부좌 그러하듯 틀고 앉아
참나이기를 끝내 선망할 것이다

세상 인연 방하(放下)하면 공적할 것이다

—「법당 뒤로 돌다가」 전문

불교적 깨달음을 통해 자신의 삶과 죽음을 바라보는 시인의 자세는 어쩌면 단호하고 간결하다. “육신에 집착하여 수복을 탐”하는 현세의 자기 모습을 “적멸”이라는 단어를 통해 과격한 파문을 그리며 바라보고 있다. 시인이 리듬을 성찰하는 동안 죽음이 가깝게 다가왔음을 실감했고, 이제는 ‘높이’가 아닌 ‘깊이’를 드러내며 “두려워할 바 없”는 삶을 준비하게 된다. 이것은 리듬이 끝나는 마디가 아니라, 다른 방식의 리듬 혹은 그동안 발견되지 않았던 운동의 또 다른 발견으로 이어지게 된다. “산 사람은 꿈을”(「꿈 이야기」) 꾸고, “늘 셋이었는데 이제 둘”(「을왕리 바다」)이 되는 소멸을 느끼며 조금씩 “십자가 남겨놓고 가는 건 아니겠지”(「이석중」) 같은 의심을 품고 예측할 수 없는 장면을 기다리게 된다. 리듬을 지키는 것의 연속이 삶이라고 말할 수 있을까. 리듬을 찾는 여정 자체가 삶이라고 이야기할 수 있을까. 언어를 경제적으로 이끌면서 동시에 시편마다 아름다운 스타카토를 찍는 박창서 시인의 리듬이 깊어지는 부분은 여기에 있다.

푸른 달

신록의 깊은 산속

한낮인데
옷 벗고 춤추자 하는가
네 마디 울음소리
'홀딱 벗고' 낭랑하다

그래 벗고 살자
무시로 벗고 살자
부끄럼 없으면 그만치 사는 것
벗고 보이면 본래대로 있는 것

강원도 홀딱새
검은등뻐꾸기

—「홀딱새」 전문

맨 처음 이야기했던 '맨몸의 메트로놈'은 시인이 말한 "강원도 홀딱새/검은등뻐꾸기"에서 차용한 이미지다. "'홀딱 벗고' 낭랑"한 홀딱새에 옮겨놓은 자신의 영혼을 통해 있는 그대로의 가치와 벗고 사는 것의 생경한 의미 발견으로 리듬을 실천하고자 하는 의지를 드러내고 있다. 이것은 또한 자연 풍경에서 오는 것 외에 사람 사는 풍경에서도 나타난다. 「동서네」는 자식처럼 키우던 화분을 수고비 주고 보내게 된 사연을 이야기하며 "이제야/버리고 비우고/내려놓으며/제자리 찾는 건가" 싶은 깨달음을 노래한다. 본인 내부에서 일어나는 리듬의 깊이는 외부에서도 작용한다는 것으로 이해할 수 있는 대목이다. 버리고 비우는 반복적인 순환을 통해 우리는 시인의 깊어져 가는 사유와 리듬을 목격하고 있다.

허무와 공백을 뚫는 리듬

박창서 시인이 시집을 통해 갖게 되는 움직임은 깨달음과 그 뒤에 수반되는 허무함을 보여주는데, 그것은 보통 자연 풍경, 일상적 경험, 가족 등에서 비롯되고 있다. 단순한 '리듬'의 해석은 박창서 시인이 갖는 짧고 간결한 언어 운용에 그치겠지만, 더 나아가 그 안에 내재한 허무와 공백을 읽어 낸다면, 이 리듬의 귀환이 반갑고 귀한 것으로 느껴질 수 있을 것이다. 이를테면 이 시집에 수록된 작품 중 제일 길다고 볼 수 있는 「길 찾아가는 길」은 제목에서도 말하는 바와 같이 '길'로 열리는 깨달음의 시작을 찾아가는 사유의 여정이라고 할 수 있다. 산티아고 순례길에 모여드는 여행객들이 먼 길을 떠나면서 깨닫게 되는 '필연적인 길'과 그 길을 숙연하게 걸어야 하는 '운명', 그것은 자신의 선택과 별개로 견뎌냄과 동시에 참회해야 하는 길로 드러나게 된다.

운해 구름산 넘어

홀로 찾아온 머나먼 길
까미노 데 산티아고
'누구든 그 길을 우연히 걷지 않는다'

잿빛 하늘에서 금세 햇빛 쏟아지는
너른 들판 노란 표지 길
수탉 우는 소리 개 짖는 소리 새소리
푸른 초원마다 반짝이는 파란 꽃잎
둥근 나무 숲길, 언덕 위 카사블랑카
주황색 지붕 너머 검은 독수리 한 마리
왜 왔느냐 한다

배낭 가득 뒤뚱 걷는 하얀 할머니
길가에 밥해 먹는 턱수염 남자
산티아고까지 갔다 다시 오는 사람들
'부엔 까미노'엔 웃고 웃지 않는 이
말은 침묵보다 무겁다

이베리아반도 갈리시아 지방 순례길 한가운데서
는개 맞으며 개울물 건너며 하염없이 묵상하는
판초 우의 속 숨죽이며 걷는 이들
어쩌면 세상일 감당치 못해 힘들어하는 자들 아닌가

너 참 대견해 잘 참고 살아왔어 하지만
잘못이 많았지 용서를 구하기엔 너무 늦었나
순례하다 죽은 이의 붉은 천 십자가 무덤 옆을 지나며
삶의 길은 선택한 길만 있는 게 아니고
참회하고 견뎌내야 하는 길이 있다고…

세상에 두 종류의 사람
이 길을 걷는 사람과 그렇지 않은 사람 있다지
붉은 천 십자가는 말했다
무거운 짐 지고 가는 자여 당신과 함께할 것이다

—「길 찾아가는 길」 전문

복잡하거나 소란스러운 수식어 없이 담담하게 자신의 깨달음을 말하는 시인의 진술은 이 시대에 필요한 위로가 아닌가. 그는 "어둠 속 행선/빛을 향해 가고 있"(「산책길에서」)는 사람이자, 동행하는 이들에게 한 줄기의 빛을 내린다. 시인의 이 희망적 권유는 "지구엔 나 혼자 있다"(「에고」)는 외로움을 견뎌낸 리듬이자 깨달음이라고 볼 수 있는데, 그 길을 가기 위해 그는 "나는 누굽니까"(「주인공」)라는 질문을 아끼지 않았고 그때마다 고요하고 허무한 공허함에 휩싸였을 것이다. 때로는 희망을 배반하는 듯한 태도를 보이기도 한다. "눈물 짜느니/앞서 눈을 감겠다"(「풍과 틱의 형극」)고 말하는 그의 유의미하고도 무의미한 시간은, 살아야 하는 이유 속에서

끝의 정체를 발견하는 것처럼 보이지만 그것은 현재 위치로부터 다시 시작하는 리듬의 발생지이기도 하다. "화두도 아닌 그 속에/나는 있는가 없는가"(「묵조선(默照禪)」) 끊임없이 두드리는 질문에 의해 다음 정거장을 만나고, 잠시 정체된 구간 속에서 "이 마당 어디쯤/사랑하는 사람 찾을 수 없나"(「풍경 C」) 두리번거리는 여정이 우리 삶에 깔려 있는 서사를 이끌고 있다. 가끔은 그 여정이 "걸어도 걷는지 모르는"(「사경을 헤매다」) 것이 되었지만 시인은 알면서 걷는 길에 대한 이야기보다는, 모르고 걷게 되는 길 위의 우연과 필연을 박자로 삼으며 살아왔다. 그래서 이 리듬이 비로소 언어를 입고 태어날 수 있었던 것이리라.

다시 처음으로 돌아갈 리듬

홀로 계신 노모
어느 날 찾아뵙자
들려주신 고려장 금장(禁葬) 얘기

고려 때
명나라가 문제 내고 못 맞추면 조공하라 했단다
(똑같이 생긴 말 두 마리)
"어느 게 어미 말, 어느 게 망아지"

고려장 마다하고 돌봐주던 효자에게
소문 전해들은 쭈그렁이 노모
“여물 한 통 주어 봐라”
했다 한다

차리신 밥상
나 혼자 먹고 있다

—「여물」 전문

시집 제목 『에고』는 프로이트가 구조적 관점에서 정신계를 접근하며 세운 의식, 자아이자 동시에 힘들 때 내는 의성어를 연상하게 한다. 이 두 사이의 거리는 멀다고 하면 멀고, 가깝다고 하면 가까울 수 있다. 이 시집은 그 사이에 놓여 있는 새로운 리듬이다. 시인의 태도로 미루어볼 때 시집을 이끄는 전체적인 분위기는 ‘끝’이라는 윤곽에 닿아 있지만, 모서리를 접으며 다시 시작될 하나의 리듬을 새롭게 만든 것이라고 말하고 싶다. 이 ‘뜨거운 처음’을 위해 그동안 맨몸으로 수많은 풍경과 부딪치며 많은 유의미와 무의미를 깨달았고, 끝이라는 낭떠러지에서 시작하기 위한 다이빙을 하려는 시인의 언어적 용기만이 남아 있다. “가시나무와 거친 숲/비바람까지 모두/이고 지고/하늘에 오”(「뫼」)르는 시간을 기다리면서 시인이 샅샅이 탐색한 이 리듬은 중요하다.

삶이 가파르게 빨라지고 간편해지면서 놓쳤던 존재라는

강가에 물음을 돌팔매질하며 파동을 기다리는 자세, 우리에겐 이것이 부족했기 때문이다. 시인의 초연하면서도 단단한 뒷모습을 바라보며 이 시집을 다 읽은 뒤 남겨지는 리듬을 느낀다. 우리는 이 리듬으로 무엇을 할 수 있는가. 그리고 '맨몸의 메트로놈'으로 우주의 시간을 건너가며 이 세상에 숨겨진 작고 여린 박자를 두리번거리는 시인의 다음 정거장은 어디가 될 수 있는가. 이런 궁금증만으로도 이 시집은 작은 파동을 만들고, 큰 물결을 일으킬 것이다.

시어머니와 하루 차이 생일 때문에
사십 년 넘게 함께 사는 동안
생일 한번 못 쇠었지
지난해 어머니 가시고
시집온 뒤 처음 맞는
칠순 아내 생일 자리
케이크에 양초 꽂고
서툴게 쓴 편지 하나 읽는다

힘든 세월
시름시름 하던 아내
웃다 울다가
반 죽었다

—「울웃음바다」 전문

박창서 시인이 앞으로 그려 보일 큰 물결은 아마 「울웃음 바다」와 같은 세계가 될 것이다. 해학과 위트만으로도 얼마든지 생의 비의를 담을 줄 아는 힘. 그 힘은 세상을 좀 살아본 자만이 가질 수 있는 여유이자, 시인으로서 누릴 수 있는 특권이다. 하여, 그의 다음 행보가 벌써부터 기대가 되는 까닭이기도 하다.

이 도서의 국립중앙도서관 출판시도서목록(CIP)은 서지정보유통지원시스템 홈페이지(http://seoji.nl.go.kr)와 국가자료공동목록시스템(http://www.nl.go.kr/kolisnet)에서 이용하실 수 있습니다.(CIP제어번호: CIP2017005644)

문학의전당 시인선 0251

에고

초판 1쇄 인쇄 2017년 3월 6일
초판 1쇄 발행 2017년 3월 13일
지은이 박창서
펴낸이 고영
책임편집 서윤후
디자인 헤이존
펴낸곳 문학의전당
출판등록 제2017-000002호
주소 서울시 마포구 마포대로 11길 91, 3층
전화 02-852-1977 팩스 02-852-1978
전자우편 sbpoem@naver.com

ISBN 979-11-5896-309-5 03810